글 | 이영민
성균관대학교 국어국문학과를 졸업했습니다. 동화 작가들의 모임에서 어린이 책 작가로, 출판사에서 기획편집자로 일했으며 지금은 어린이들의 지식과 정서의 밑바탕이 될 좋은 책을 쓰기 위해 노력하고 있습니다. 쓴 책으로는 〈세상을 깜짝 놀라게 한 오천년 우리 과학〉, 〈옛날 왕들은 똥을 누고 무엇으로 닦았을까?〉, 〈사라지거나 달라진 우리 옛 직업〉, 〈왜 0등은 없을까?〉 등이 있습니다.

그림 | 홍정선
홍익대학교에서 섬유미술을 공부했습니다.
어린이 책에 그림을 그리면서 세상의 어린이들과 만날 수 있어 행복합니다.
또한 어린 시절의 자신을 만나는 일이기도 해서 항상 설레고 기쁘답니다.
그린 책으로는 〈내 친구를 찾아서〉, 〈대추리 아이들〉, 〈기찻길 옆〉, 〈천사를 미워해도 되나요?〉 등이 있습니다.

누리 세계문화 20 스웨덴 삐삐와 바이킹 소년

글 이영민 | 그림 홍정선 | 펴낸이 김의진 | 기획편집총괄 박서영 | 편집 정재은 이영민 김한상 | 글 다듬기 박미향 | 디자인 수박나무
제작·영업 도서출판 누리 | 펴낸곳 Yisubook | 주소 경기도 고양시 일산동구 일산로67, 3층 | 고객상담실 080-890-7000
잘못된 책은 바꾸어 드립니다. 이 책에 실린 글이나 그림을 무단으로 복사, 복제, 배포하는 것을 금합니다.
⚠ 1. 사람을 향해 던지거나 떨어뜨리지 마십시오. 2. 고온 다습한 장소나 직사광선이 닿는 장소에는 보관하지 마십시오.

삐삐와 바이킹 소년

글 이영민　그림 홍정선

내 이름은 율리아야.
사람들은 나를 삐삐라고 부르지.
〈삐삐 롱스타킹〉의 주인공 삐삐처럼
머리를 두 갈래로 땋고 스타킹도 짝짝이로 신고 다니거든.
〈삐삐 롱스타킹〉은 린드그렌 할머니가 쓴 어린이 소설이지.
지난여름, 엄마랑 린드그렌 할머니의 고향인 빔멜비에 다녀왔어.
삐삐 마을에서 삐삐 공연도 보았지.
그때부터 말괄량이에 힘센 삐삐의 매력에 푹 빠졌단다.

내가 삐삐와 다른 점은 빨간 머리가 아니라 금발이라는 것뿐이야.
아무리 삐삐가 좋아도 예쁜 금발만은 바꾸고 싶지 않거든.
나는 삐삐 모습으로 내가 사는 스톡홀름 시내를 돌아다니는 게 좋아.
주말마다 스톡홀름의 크고 작은 섬과 다리를 돌아다닌단다.
그러면 사람들은 나를 신기하게 바라봐.
사진을 같이 찍고 싶어 하는 사람도 많아.

이번 겨울 방학엔 엄마의 고향 키루나에 갔어.
북쪽에 있는 키루나는 춥지만 아름다운 곳이야.
엄마의 사촌 집에 도착했을 때 난 깜짝 놀랐어.
바이킹 옷을 입고 모자를 쓴 이상한 녀석이
휠체어에 앉아 있었거든.
"푸하하, 금발 삐삐다!"
그 녀석은 날 보더니 큰 소리로 웃어 댔어.
"네 모습도 되게 웃기거든!"
난 기분이 상해 톡 쏘아 주었어.

엄마의 사촌 아주머니와 아저씨는 좋은 분들이야.
우리를 위해 맛있는 음식을 가득 차려 주셨어.
훈제 연어, 새우, 해산물 샐러드에 달콤한 후식까지.
우린 자기 접시에 먹고 싶은 만큼 담아 먹었어.
"이게 바로 바이킹의 식사법인 스뫼르고스보르드야.
항해에 지친 바이킹들은 고향에 돌아오면
이렇게 한 상 가득 차려서 맘껏 먹었어."
입만 열면 바이킹 얘기뿐인 요한은 진짜 이상한 녀석이야.

다음 날 아침, 나는 늦잠을 자고 말았어.
겨울에는 낮에도 어둑어둑하다는 걸 깜빡했지 뭐야.
모두 스웨덴이 북극에 가까운 탓이야.
하지만 춥고 어두운 겨울이라고 웅크리고 지낼 순 없지.
게다가 오늘은 성 루시아의 날이니 말이야!

나는 성녀 루시아처럼 꾸미고 음식을 나누어 줄 거야.
흰옷에 빨간 허리띠를 매고 촛불 왕관을 써야 하지.
그런데 요한이 낄낄 웃으며 머리를 잡아당기는
바람에 촛농이 내 머리에 떨어졌어.
나는 그만 울음을 터뜨리고 말았어.

그날 저녁, 침대에 누웠지만 화가 나서 좀처럼 잠이 오지 않았어.
그때 누군가 내 방 창문을 두드렸어.
"삐삐, 나 요한이야. 잠깐만 나와 봐."
밖으로 나가니 요한이 하늘을 가리켰어.
세상에, 초록빛 오로라가 커튼처럼 너울거렸어.

숨이 막힐 정도로 아름다웠어.
"엄마가 여자아이에겐 잘해 주라고 하셨는데, 아까는 미안했어.
여기에 살아도 오로라는 쉽게 볼 수 있는 게 아니야.
넌 운이 좋은 아이인가 봐."
요한과 나는 성 루시아 노래를 부르며 오로라를 바라보았어.

우리는 다음 날 스키장에 갔어.

어렸을 때부터 스키를 배운 나는 눈 위를 쌩쌩 달렸지.

하지만 휠체어를 탄 요한은 스키를 탈 수 없었어.

요한은 어렸을 때 병에 걸려 휠체어를 타게 되었다고 해.

나는 미안한 마음이 들었어.

"요한, 우리 썰매를 만들어 볼까?"

요한과 나는 바이킹 배 모양의 썰매를 만들었어.

물론 아빠와 아저씨가 많이 도와주셨지.

우린 썰매를 타고 즐겁게 놀았어.
요한은 조금 괴짜지만 언제나 밝고 씩씩한 친구야.

다음 날 요한이 심각한 표정으로 말했어.
"나도 네가 사는 스톡홀름에 가 보고 싶어."
"좋아, 내가 널 데리고 갈게!"
요한과 나는 집에 편지를 남겨 놓고 여행을 떠났어.
'우린 스톡홀름으로 떠나요. 너무 걱정 마세요!'

휠체어가 있었지만 기차역까지 가는 데 문제없었어.
스웨덴의 버스들은 장애인도 쉽게 이용할 수 있거든.
휠체어가 올라갈 수 있는 장치도 있고
버스에 탈 때마다 기사님이 도와주었어.
우린 열차로 갈아타고 한참을 달려 스톡홀름에 도착했어.

우린 먼저 감라스탄 섬으로 가서 유명한 왕궁을 보았어.
스웨덴 왕가는 600여 개가 넘는 방으로 이루어진 이 왕궁에서
700여 년 동안 살았대.
지금은 드로토닝홀름 궁전에 살아.
우리는 푸른 옷을 입은 왕궁 근위병들에게 손을 흔들어 주고는
근처의 노벨 박물관으로 갔어.

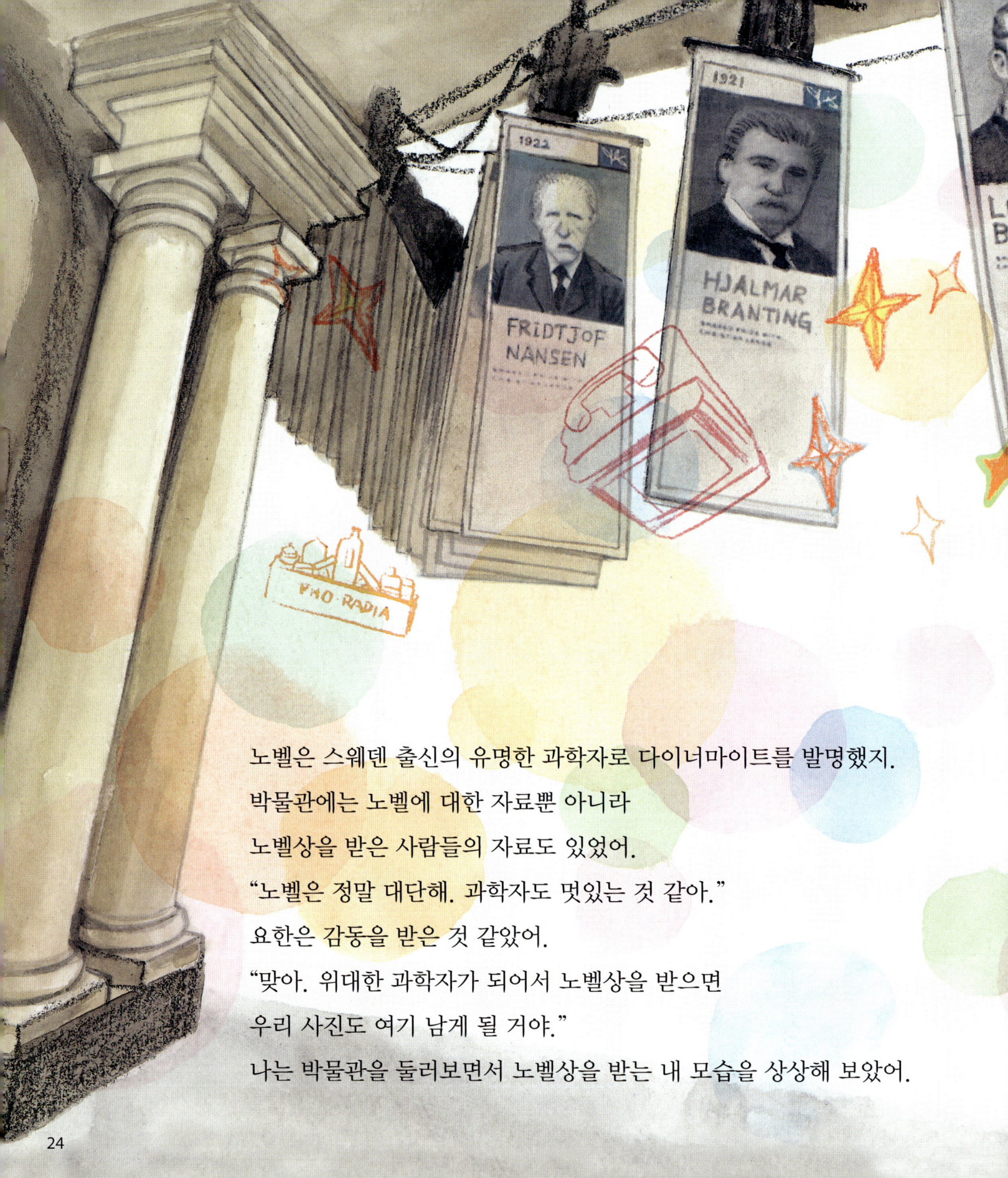

노벨은 스웨덴 출신의 유명한 과학자로 다이너마이트를 발명했지.
박물관에는 노벨에 대한 자료뿐 아니라
노벨상을 받은 사람들의 자료도 있었어.
"노벨은 정말 대단해. 과학자도 멋있는 것 같아."
요한은 감동을 받은 것 같았어.
"맞아. 위대한 과학자가 되어서 노벨상을 받으면
우리 사진도 여기 남게 될 거야."
나는 박물관을 둘러보면서 노벨상을 받는 내 모습을 상상해 보았어.

우리는 노벨상 시상식이 열리는 스톡홀름 시청사에 가기로 했어.
박물관을 등지고 나섰더니 오래된 거리가 이어졌어.
골동품 가게에는 중세 기사들이 썼을 법한 칼과 투구도 있었지.
정신없이 구경하는 사이 어느새 날이 어두워졌어.
"배고파. 집에 가자."
그런데 어쩌지? 미로 같은 좁은 골목은 어디가 어디인지 통 모르겠어.

간신히 길을 찾아 집으로 돌아가자 엄마 아빠가 달려 나오셨어.

"삐삐! 요한!"

우리가 걱정되어 서둘러 돌아오신 거야.

우리는 저녁 내내 꾸중을 들었어.

대신 아저씨 아주머니는 요한이 방학 동안

우리 집에 머무는 것을 허락해 주셨어.

우린 며칠 후 부모님과 함께 스톡홀름 시청사에 갔어.

노벨상 시상식 연회가 열리는 멋진 황금의 방도 구경했지.
요한과 나는 이제 삐삐와 바이킹 차림을 하지 않기로 했어.
대신 노벨처럼 멋진 콧수염을 만들어 붙였어.
우린 언젠가 노벨상을 받을 멋진 과학자가 되기로 했거든.

여기는 스웨덴!

정식 명칭	스웨덴 왕국
위치	북유럽 스칸디나비아 반도 동쪽
면적	약 44만 9천 km²
수도	스톡홀름
인구	약 905만 명
언어	스웨덴 어
나라꽃	은방울꽃

스칸디나비아 산맥
스칸디나비아 반도의 주축을 이루는 산맥이야. 동쪽은 완만한 경사를 이루고 있지만, 서쪽은 깎아지른 절벽과 폭포가 있지. 일부 능선은 노르웨이와 스웨덴의 국경이 되기도 해.

유리 공예

바이킹 비석

● 말뫼

스웨덴은 북유럽 스칸디나비아 반도 동쪽에 있어. 스칸디나비아 산맥을 국경선으로 하여 노르웨이와 마주하고 있지.

순록

키루나

철광석

목재

키루나
스웨덴에서 북쪽 끝에 있는 도시야. 북극권에서 북쪽으로 145킬로미터 정도 떨어진 곳에 있지. 매년 5월 30일부터 7월 15일까지는 밤이 되어도 해가 지지 않는 백야 현상이 나타나.

살라

스톡홀름

스톡홀름
스웨덴의 수도야. 여러 개의 섬으로 이루어져 있지. '북유럽의 베네치아'라고 불리기도 해. 스웨덴의 정치, 문화, 상공업의 중심지야.

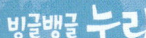

물의 도시, 스톡홀름

스톡홀름은 여러 개의 작은 섬으로 이루어진 도시야. 각각의 섬들은 50개가 넘는 긴 다리로 연결되어 있지. 그래서 '물의 도시'라고 불린단다. 해마다 노벨상 시상식이 열리기도 하는 세계적인 도시 스톡홀름을 들여다볼까?

섬과 섬 사이를 흐르는_마라렌 호수

마라렌 호수는 빙하에서 흘러 들어온 물로 생겨났어. 스톡홀름의 섬들은 대부분 마라렌 호수에서 흘러나오는 물길을 따라 이어져 있지. 마라렌 호수 주변의 섬에는 바이킹 시대의 유적들이 남아 있어서 역사적으로도 중요한 곳이야.